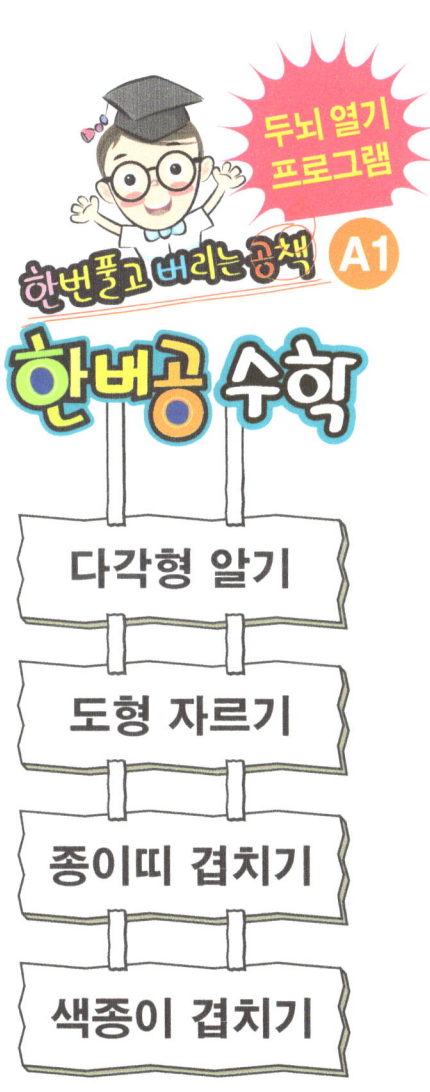

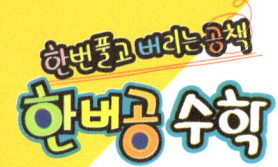

한버공 수학 단계별 교재내용

A1. 다각형 알기 도형 자르기 종이띠 겹치기 색종이 겹치기	**B1.** 두자릿수 만들기 도미노 연결놀이 홀수 짝수 알기 코딩 알기	**C1.** 모양 스도쿠 알기 십자 마방진 삼각 마방진 마방진
A2. 교차점 알기 색깔바구니와 구슬놀이 숫자 찾기 구슬 세기	**B2.** 빨노파 길찾기 가로등 불켜기 공필름 겹치기 길찾기	**C2.** 종이띠 색 구별하기 고리 연결하기 확대 알기 축소 알기
A3. 참, 거짓 알기 합집합 알기 차집합 알기 교집합 알기	**B3.** 뫼비우스의 띠 알기 원판 쌓기 OX연결 놀이 구슬 나누기	**C3.** 수직선 건너뛰기 수의 규칙 알기 주사위 눈의 합 놀이 둘레 비교하기
A4. 테트로미노 만들기 바둑돌 감싸기 좌표 알기 위치 기억하기	**B4.** 선대칭 알기 평행이동 알기 색도미노 연결하기 도형 연결하기	**C4.** 도형의 둘레 알기 눈금없는 자 놀이 직사각형 개수세기 같은 모양으로 나누기

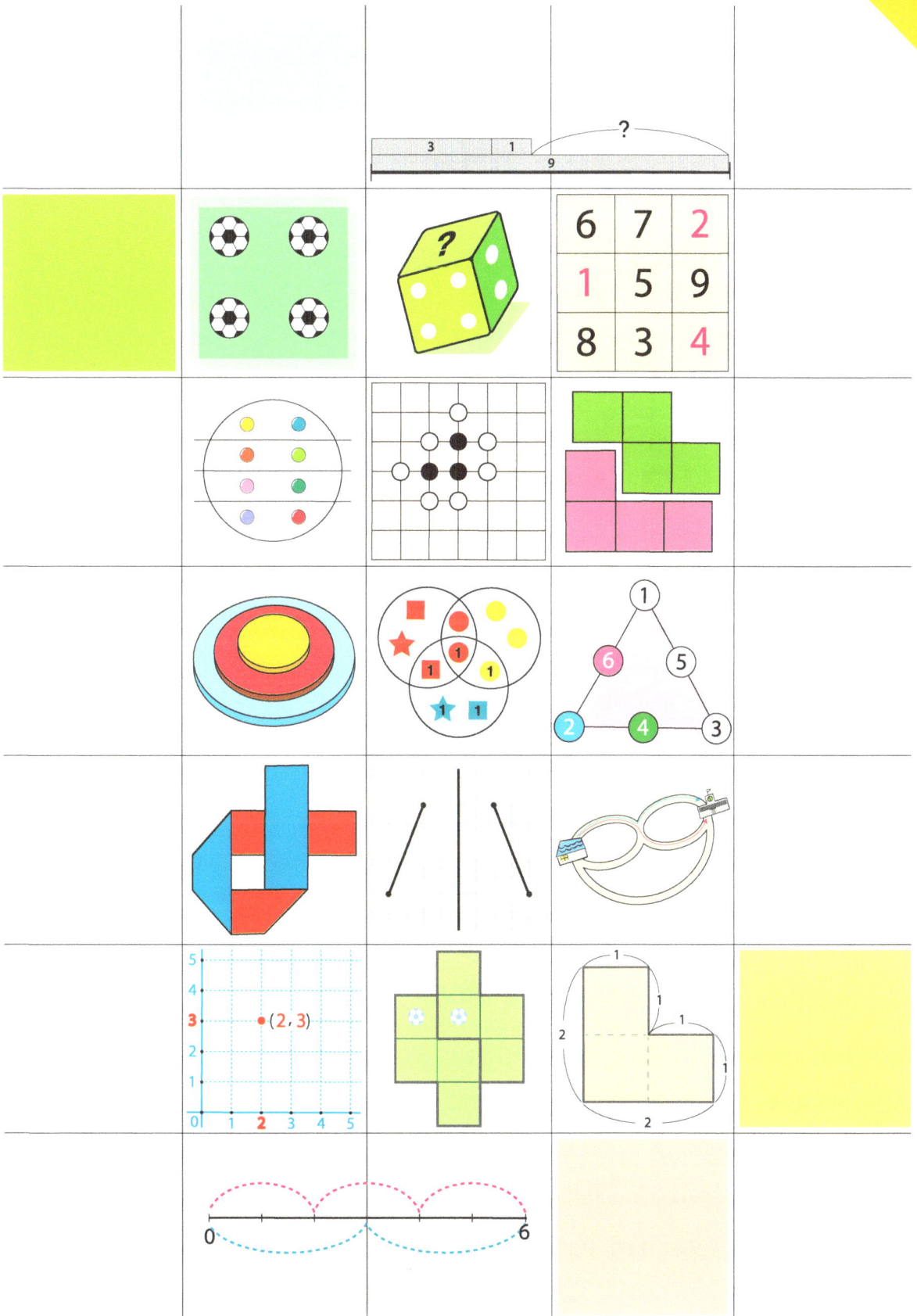

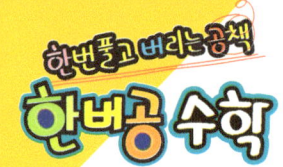

1. 계산 위주의 교재가 아닙니다.

사칙연산을 반복적으로 하는 기존의 유아 수학 교재의 틀을 벗어난
새롭게 접근하는 사고력 위주의 교재입니다.

2. 영재 교육 과정 수학 교재입니다.

공간 지각력, 추리력, 분석력 등의 문제 유형을 다루는 영재교육과정
수학 교재입니다.(도형 자르기, 교집합 알기, 좌표 알기, 뫼비우스의 띠 알기 등)

3. 상위 10%의 유아 영재를 위하여 구성하였습니다.

간단한 덧셈, 뺄셈은 물론 수 세기(50까지) 등을 알고 있다는 전제 하에
한차원 높은 사고력 위주의 문제들을 다룹니다.

4. 문제의 접근 방식이 다양합니다.

한가지 주제에 대해 다양한 방법으로 문제를 제시하기 때문에
사고력의 틀이 저절로 형성됩니다.

다각형 알기

● 삼각형을 알아보시오.

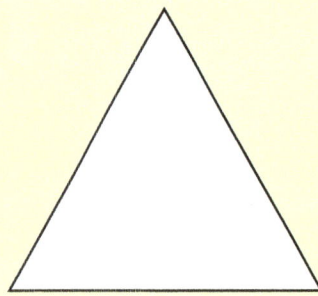

3개의 직선으로 둘러싸인 도형을 삼각형이라고 합니다.

● 삼각형에 ○표 하시오.

①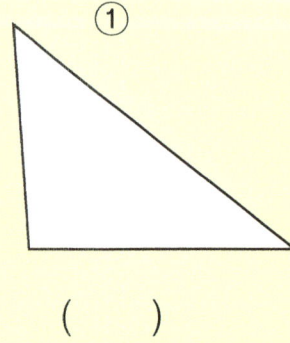

( )

②

( )

다각형 알기

● 삼각형에 ○표 하시오.

① 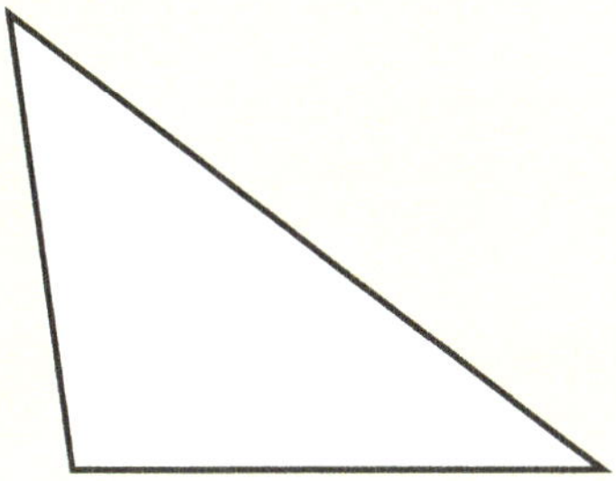 ( )

② 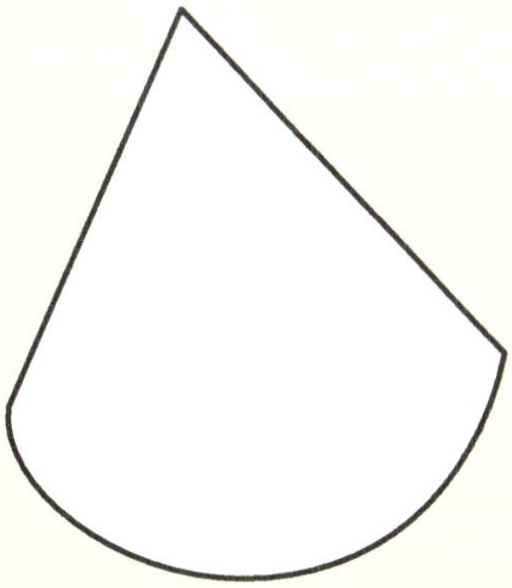 ( )

★ 곡선이 있는 도형은 삼각형이 아닙니다.

다각형 알기

● 삼각형에 ○표 하시오.

① 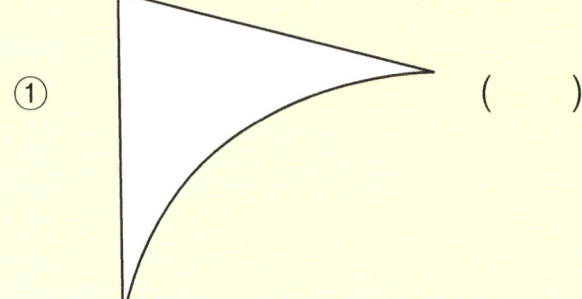 ( )

② ( )

다각형 알기

● 사각형을 알아보시오.

4 개의 직선으로 둘러싸인 도형을 사각형이라고 합니다.

● 사각형에 ○표 하시오.

① ( )

② ( )

 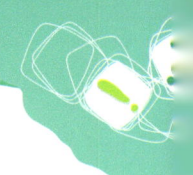

다각형 알기

● 사각형에 ○표 하시오.

①  ( )

② 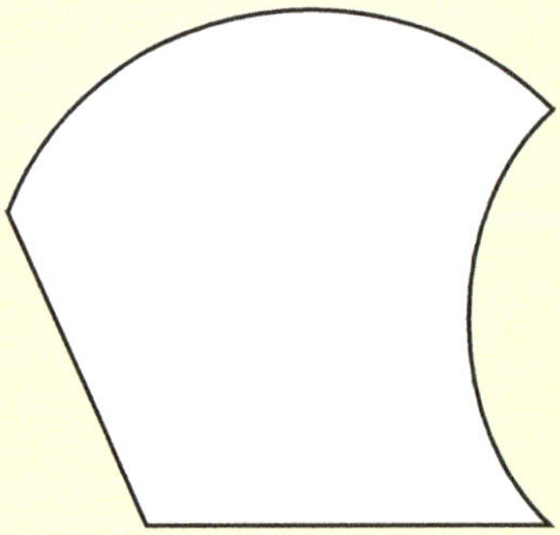 ( )

다각형 알기

● 사각형에 ○표 하시오.

① ( )

② ( )

다각형 알기

● 오각형을 알아보시오.

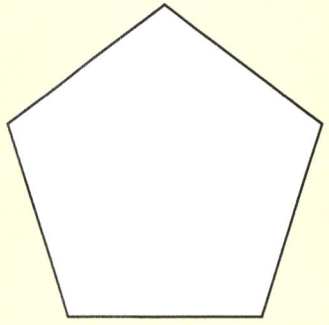

5개의 직선으로 둘러싸인 도형을 오각형이라고 합니다.

● 오각형에 ○표 하시오.

①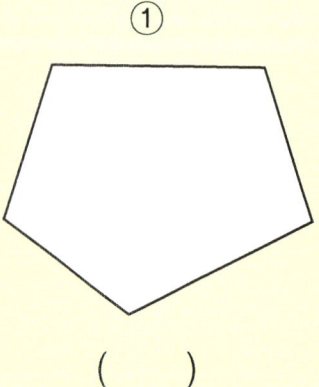
( )

②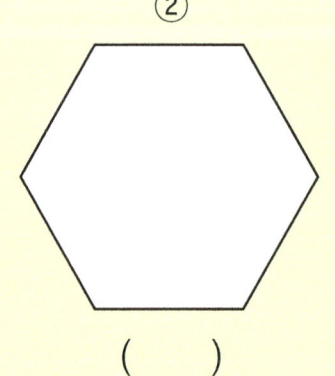
( )

다각형 알기

● 오각형에 ○표 하시오.

① 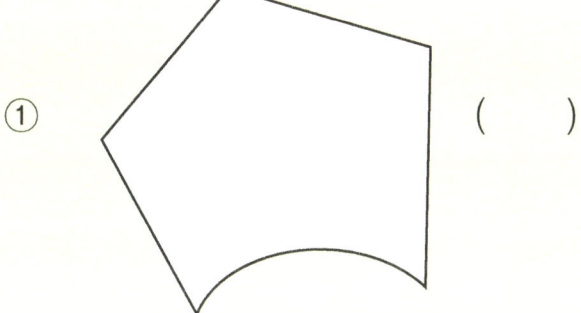 ( )

② 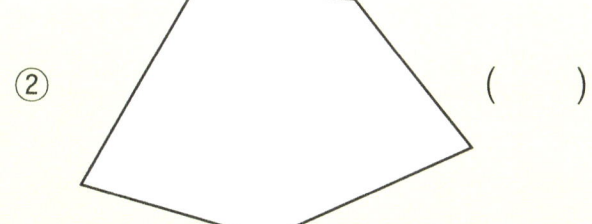 ( )

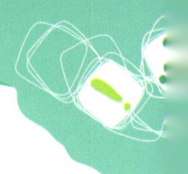

다각형 알기

● 오각형에 ○표 하시오.

① 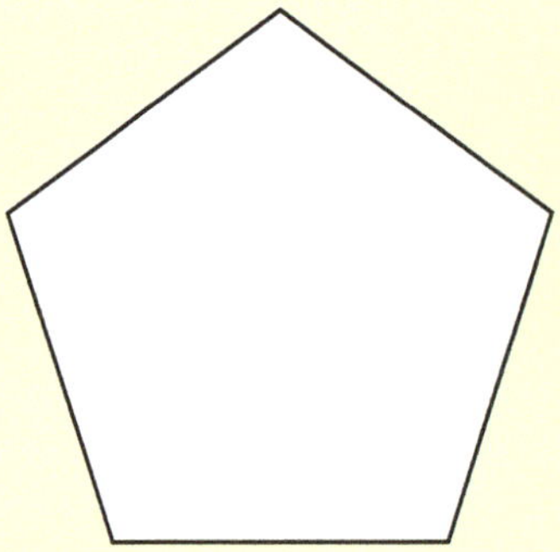 ( )

② 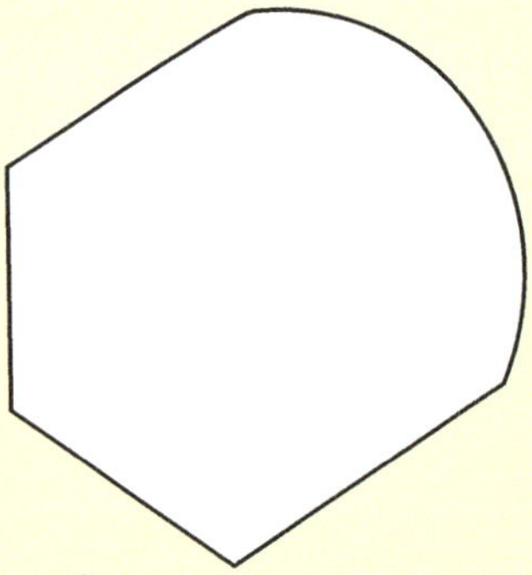 ( )

다각형 알기

- 오목 사각형을 알아보시오.

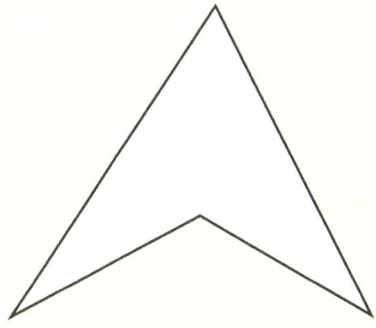

옆의 그림처럼 오목하게
들어간 사각형을
오목 사각형이라고 합니다.

- 오목 오각형을 알아 보시오.

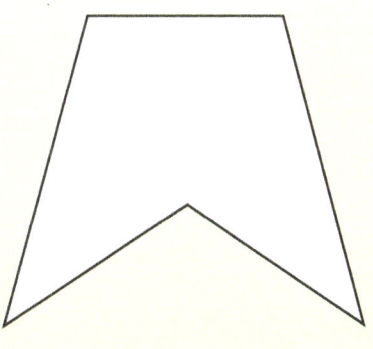

옆의 그림처럼 오목하게
들어간 오각형을
오목 오각형이라고 합니다.

 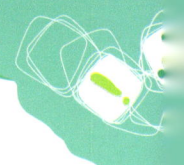

다각형 알기

● 오목 사각형에 ○표 하시오.

① 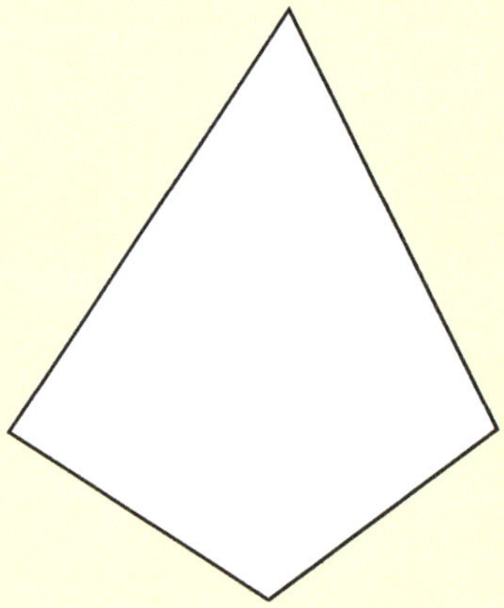 ( )

② 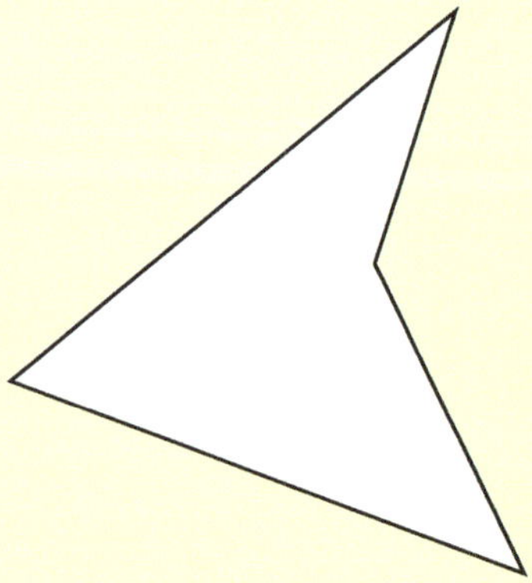 ( )

다각형 알기

● 오목 사각형에 ○표 하시오.

① 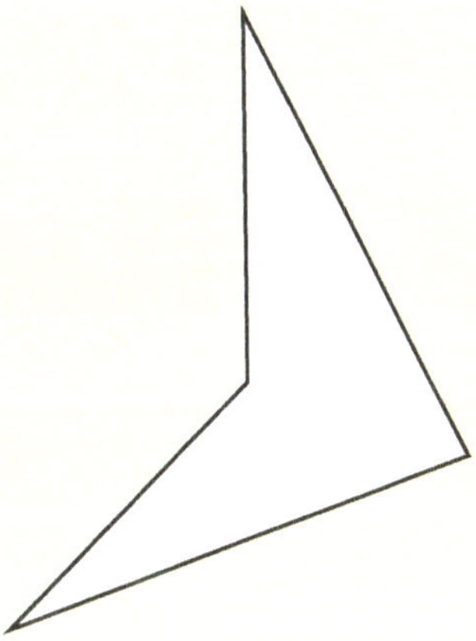 ( )

② 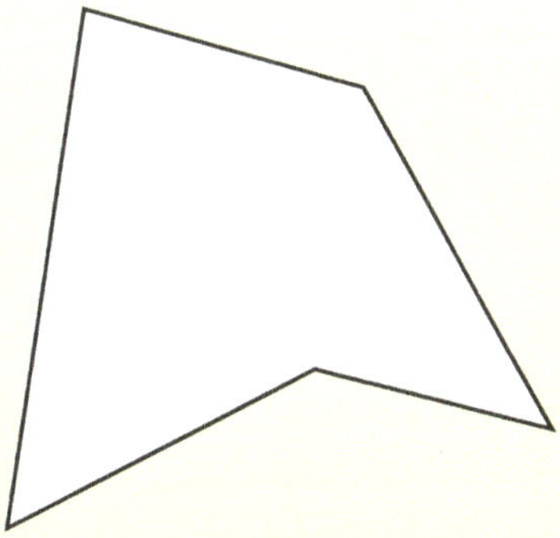 ( )

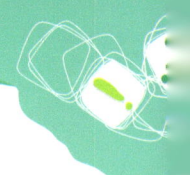

다각형 알기

● 오목 오각형에 ○표 하시오.

①  ( )

②  ( )

다각형 알기

● 오목 오각형에 ○표 하시오.

① 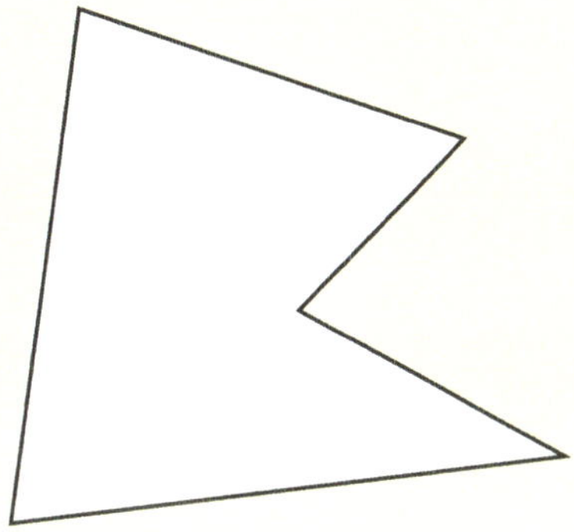 ( )

② 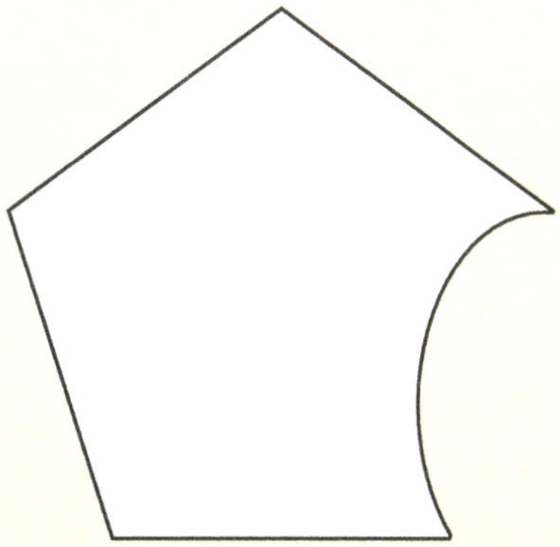 ( )

해답과 풀이

도움말

삼각형	사각형	오각형
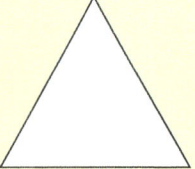		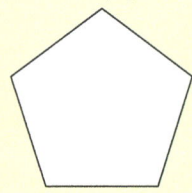
3개의 직선으로 둘러싸인 도형을 삼각형이라고 합니다.	4개의 직선으로 둘러싸인 도형을 사각형이라고 합니다.	5개의 직선으로 둘러싸인 도형을 오각형이라고 합니다.

오목사각형	오목오각형
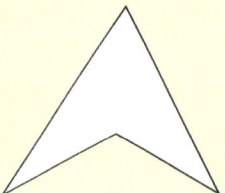	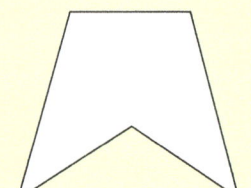
위의 그림처럼 오목하게 들어간 사각형을 오목 사각형이라고 합니다.	위의 그림처럼 오목하게 들어간 오각형을 오목 오각형이라고 합니다.

다각형 알기-02쪽 ①   다각형 알기-09쪽 ②
다각형 알기-03쪽 ①   다각형 알기-10쪽 ①
다각형 알기-04쪽 ②   다각형 알기-12쪽 ②
다각형 알기-05쪽 ①   다각형 알기-13쪽 ①
다각형 알기-06쪽 ①   다각형 알기-14쪽 ②
다각형 알기-07쪽 ①
다각형 알기-08쪽 ①   다각형 알기-15쪽 ①

도형 자르기

● 사각형을 아래처럼 한 번 잘랐을 때 나온 모양에 ○표 하시오.

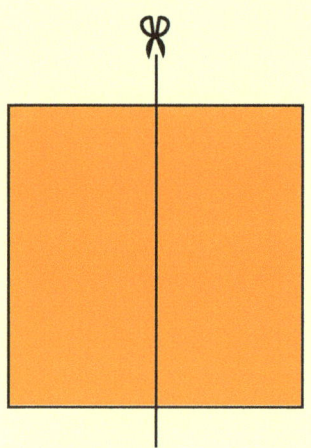

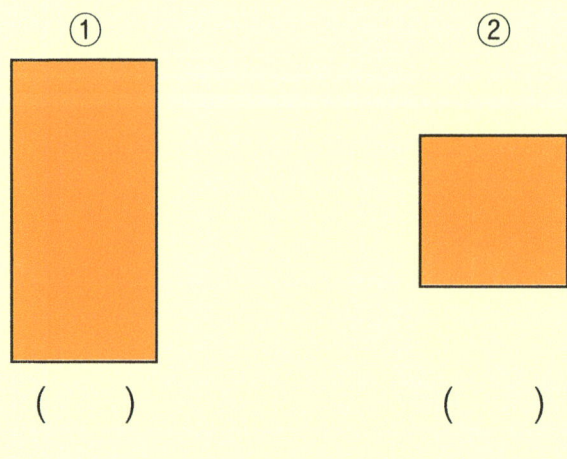

① ( )   ② ( )

도형 자르기

● 사각형을 아래처럼 한 번 잘랐을 때 나온 모양에 ○표 하시오.

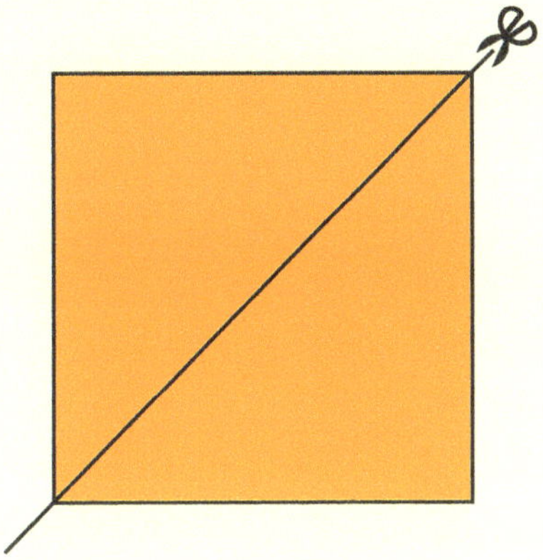

① 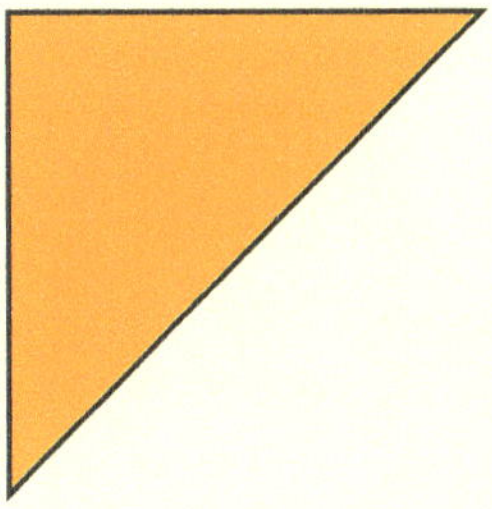 ( )   ② ( )

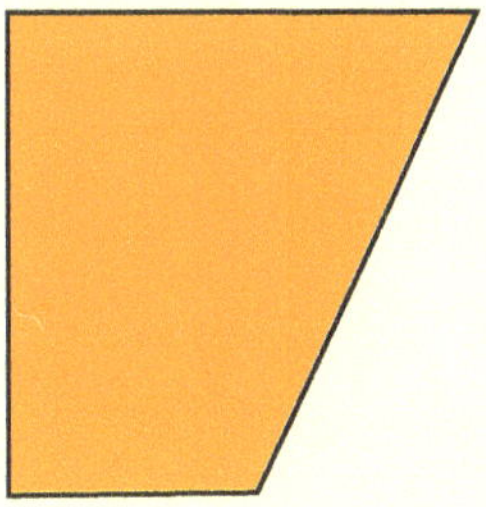

 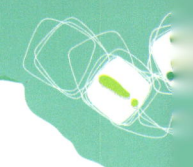

도형 자르기

● 삼각형을 아래처럼 한 번 잘랐을 때 나온 모양에 ○표 하시오.

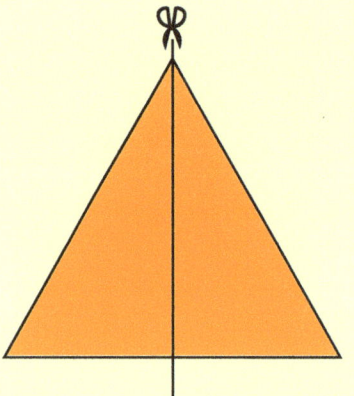

①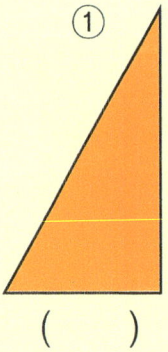
( )

②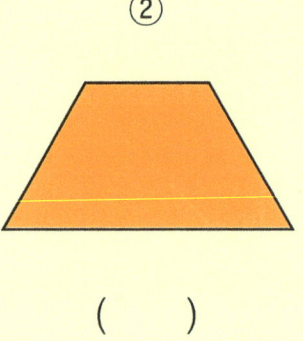
( )

도형 자르기

● 삼각형을 아래처럼 한 번 잘랐을 때 나온 모양에 ○표 하시오.

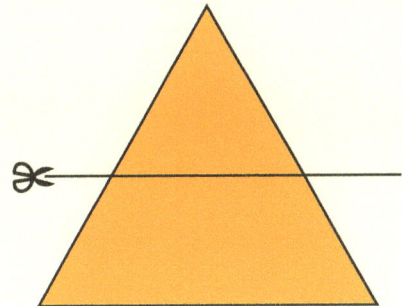

①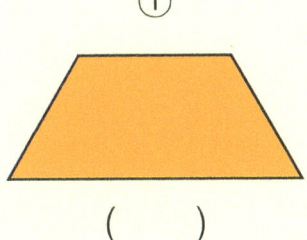
( )

②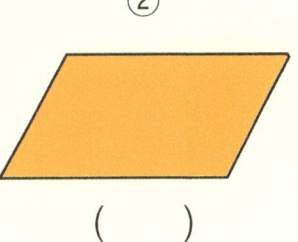
( )

 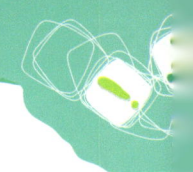

도형 자르기

● 사각형을 아래처럼 한 번 잘랐을 때 나올 수 없는 모양에 X표 하시오.

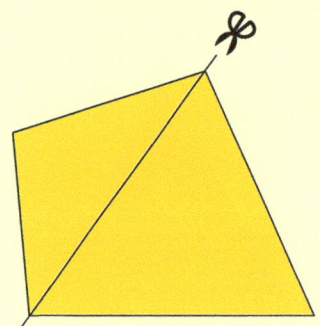

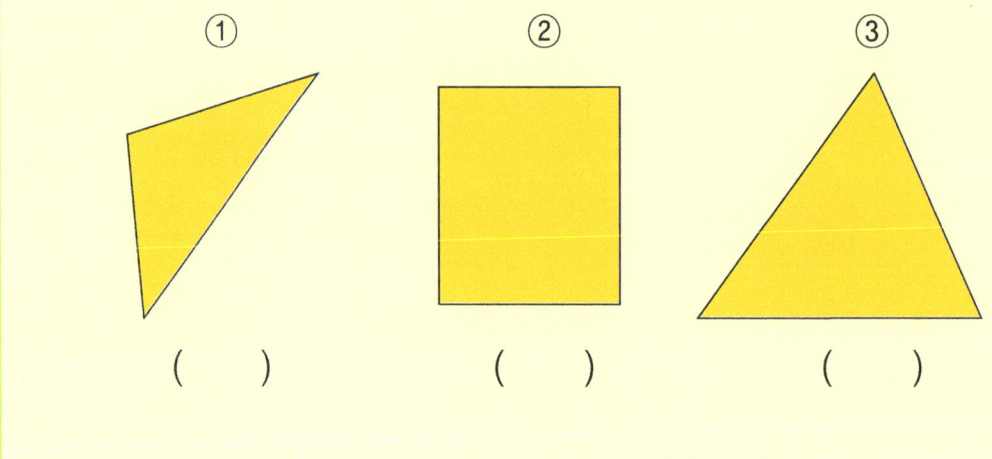

①   ②   ③

( )   ( )   ( )

도형 자르기

● 사각형을 아래처럼 한 번 잘랐을 때 나올 수 없는 모양에 X표 하시오.

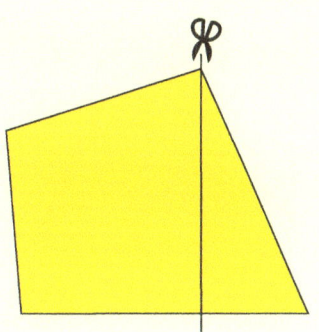

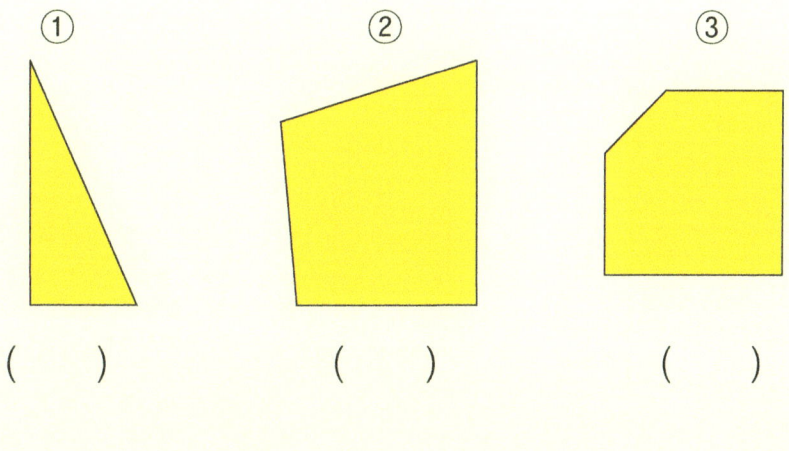

① ( )   ② ( )   ③ ( )

도형 자르기

● 사각형을 아래처럼 한 번 잘랐을 때 나올 수 없는 모양에 X표 하시오.

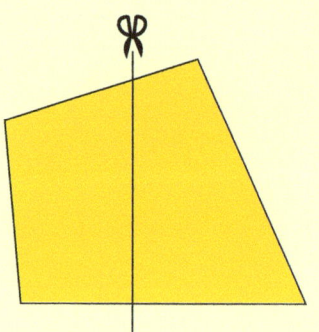

①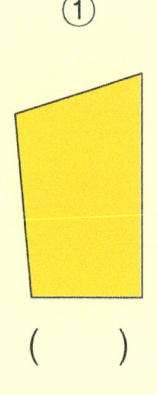
( )

②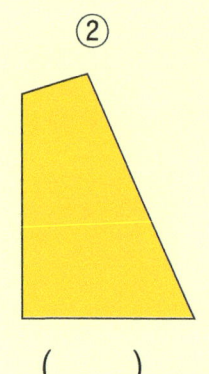
( )

③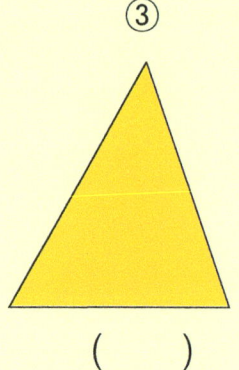
( )

도형 자르기

● 삼각형을 아래처럼 한 번 잘랐을 때 나올 수 없는 모양에 X표 하시오.

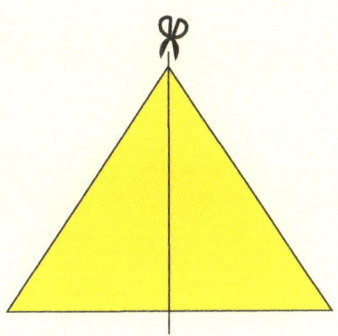

①   ②   ③

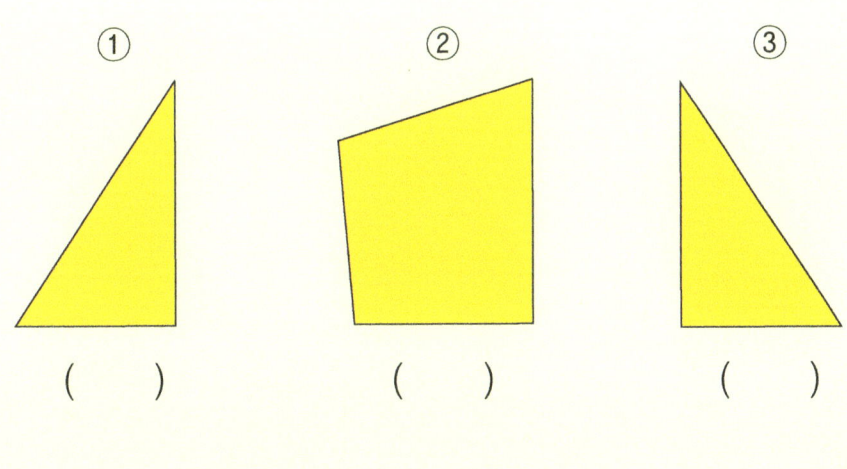

(　)   (　)   (　)

도형 자르기

● 삼각형을 아래처럼 한 번 잘랐을 때 나올 수 없는 모양에 X표 하시오.

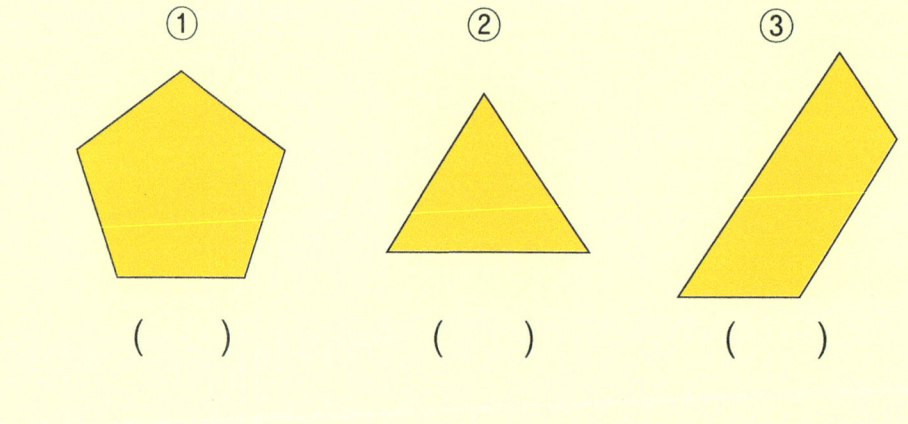

① ( ) ② ( ) ③ ( )

도형 자르기

● 사각형을 아래처럼 한 번 잘랐을 때 나올 수 없는 모양에 X표 하시오.

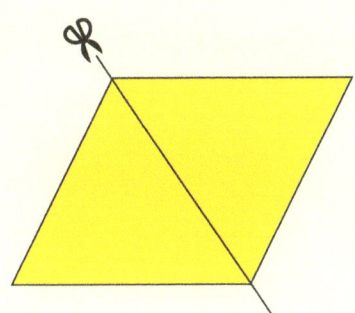

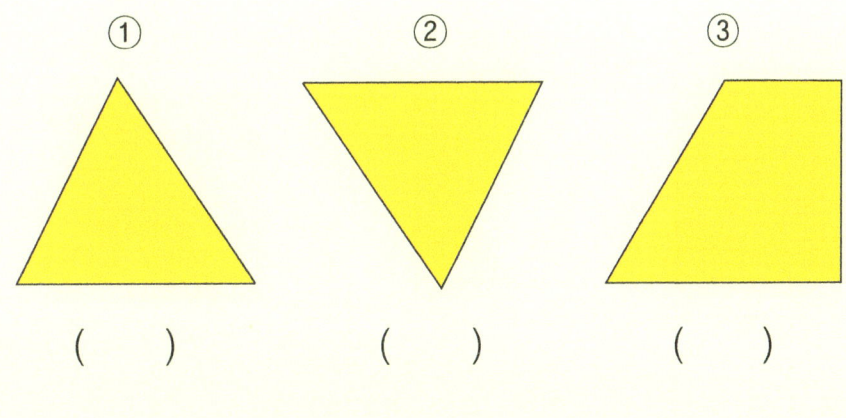

① ( )   ② ( )   ③ ( )

도형 자르기

● 사각형을 아래처럼 한 번 잘랐을 때 나올 수 없는 모양에 X표 하시오.

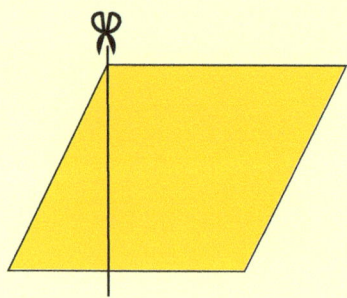

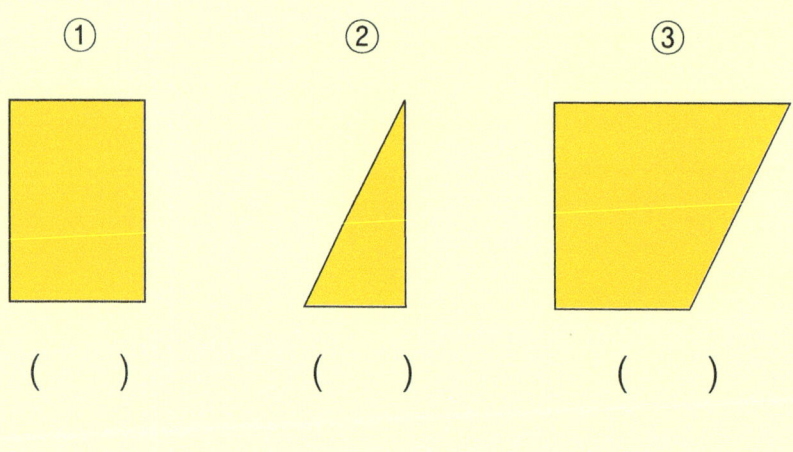

①   ②   ③

( )   ( )   ( )

도형 자르기

● (보기)의 삼각형을 한 번 잘랐을 때 나올 수 없는 모양에 X표 하시오.

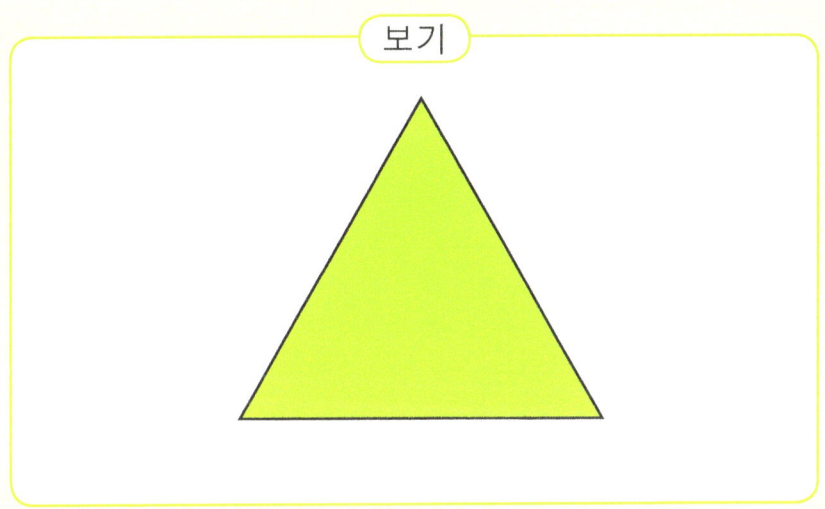

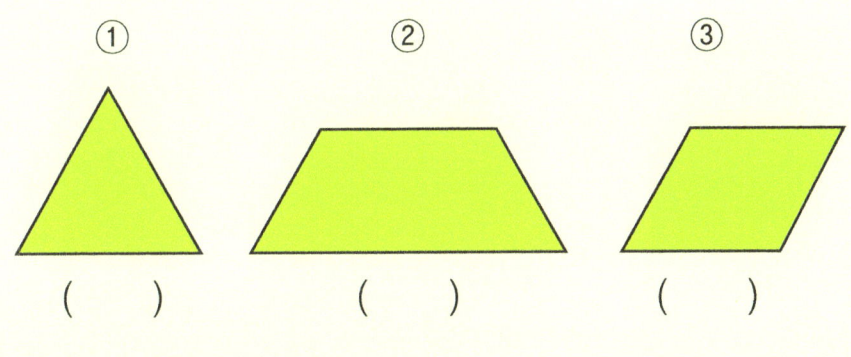

① ( )   ② ( )   ③ ( )

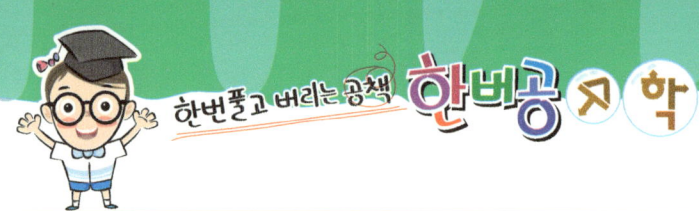
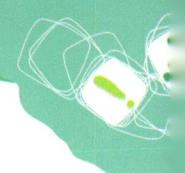

도형 자르기

● (보기)의 사각형을 한 번 잘랐을 때 나올 수 없는 모양에 X표 하시오.

보기

① 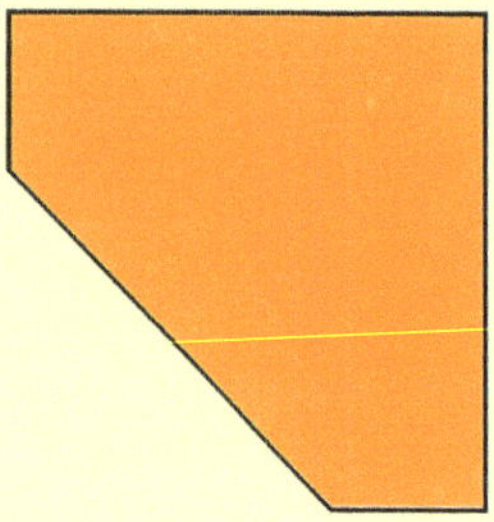 ( )　② ( )　③ ( )

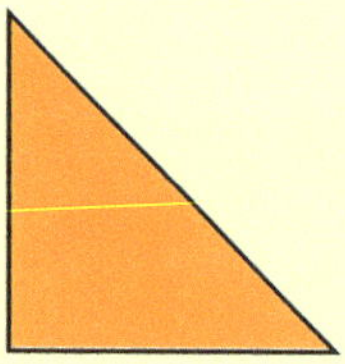

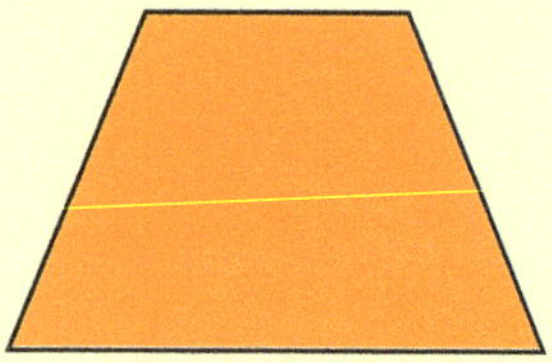

도형 자르기

- (보기)의 모양을 한 번 잘랐을 때 나올 수 없는 모양에 X표 하시오.

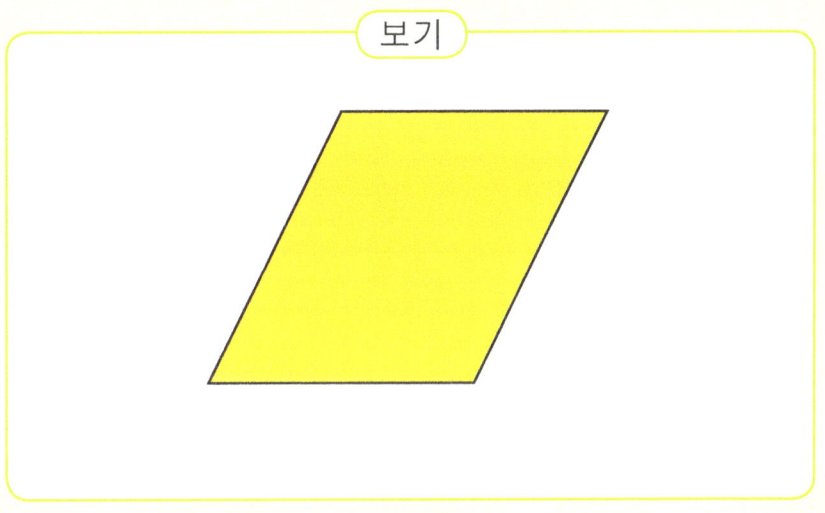

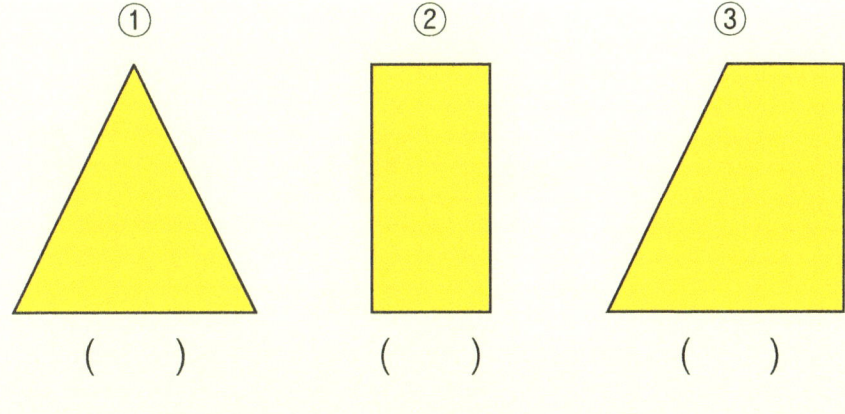

( )   ( )   ( )

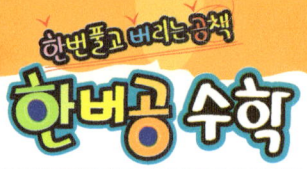

해답과 풀이

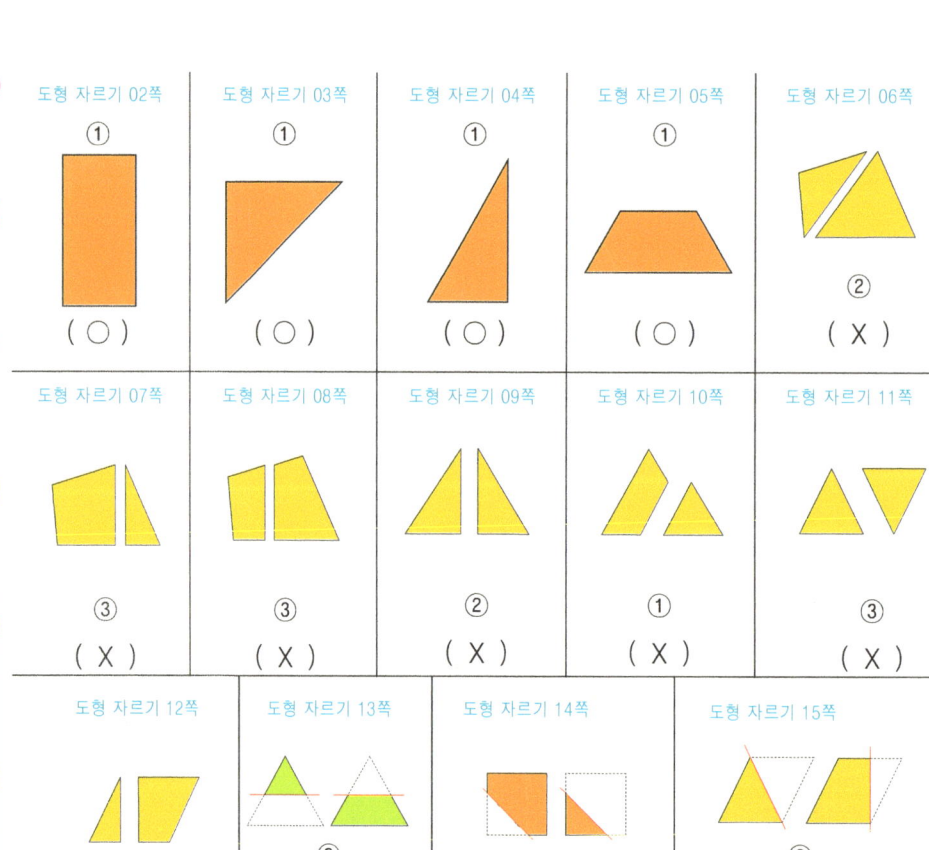

종이띠 겹치기

● 아래 있는 종이띠에 ○표 하시오.

① 　　　　　　　　　②

(　)　　　　　　(　)

종이띠 겹치기

● 아래 있는 종이띠에 ○표 하시오.

① ( )　　② ( )

종이띠 겹치기

- 가장 아래 있는 종이띠에 ○표 하시오.

① ( )　② ( )　③ ( )

종이띠 겹치기

● 가장 아래 있는 종이띠에 ○표 하시오.

① ② ③

( )　　( )　　( )

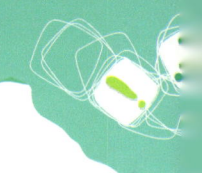

종이띠 겹치기

● 가장 아래 있는 종이띠에 ○표 하시오.

① ② ③

( )　　( )　　( )

종이띠 겹치기

● 가장 아래 있는 종이띠에 ○표 하시오.

① ( )   ② ( )   ③ ( )

종이띠 겹치기

● 가장 아래 있는 종이띠에 ○표 하시오.

① ② ③

( )   ( )   ( )

종이띠 겹치기

- 가장 아래 있는 종이띠에 ○표 하시오.

①　　　　　②　　　　　③

(　)　　　　(　)　　　　(　)

 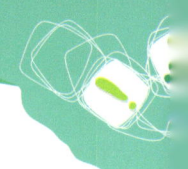

종이띠 겹치기

● 가장 아래 있는 종이띠에 ○표 하시오.

① ( )   ② ( )   ③ ( )

종이띠 겹치기

● 가장 아래 있는 종이띠에 ○표 하시오.

① ② ③

( )   ( )   ( )

종이띠 겹치기

● 가장 아래 있는 종이띠에 ○표 하시오.

① ② ③ ④

( ) ( ) ( ) ( )

종이띠 겹치기

- 가장 아래 있는 종이띠에 ○표 하시오.

① ( )　② ( )　③ ( )　④ ( )

종이띠 겹치기

- 가장 아래 있는 종이띠에 ○표 하시오.

① ② ③ ④

( )　( )　( )　( )

종이띠 겹치기

● 가장 아래 있는 종이띠에 ○표 하시오.

① ② ③ ④

( )   ( )   ( )   ( )

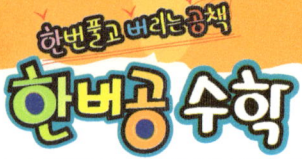

해답과 풀이

종이띠 겹치기 02쪽	종이띠 겹치기 03쪽	종이띠 겹치기 04쪽	종이띠 겹치기 05쪽
② 빨강 (○)	② 노랑 (○)	① 초록 (○)	② 빨강 (○)
종이띠 겹치기 06쪽	종이띠 겹치기 07쪽	종이띠 겹치기 08쪽	종이띠 겹치기 09쪽
② 노랑 (○)	① 초록 (○)	② 노랑 (○)	② 파랑 (○)
종이띠 겹치기 10쪽	종이띠 겹치기 11쪽	종이띠 겹치기 12쪽	종이띠 겹치기 13쪽
③ 노랑 (○)	① 초록 (○)	① 초록 (○)	② 빨강 (○)
	종이띠 겹치기 14쪽	종이띠 겹치기 15쪽	
	④ 노랑 (○)	③ 파랑 (○)	

색종이 겹치기

● 아래 있는 색종이에 ○표 하시오.

① ②
( )　　　　　( )

색종이 겹치기

● 아래 있는 색종이에 ○표 하시오.

① ②

( )   ( )

색종이 겹치기

● 아래 있는 색종이에 ○표 하시오.

① ( )   ② ( )

색종이 겹치기

● 아래 있는 색종이에 ◯표 하시오.

① ②

(   )   (   )

색종이 겹치기

● 가장 아래 있는 색종이에 ○표 하시오.

① ② ③
( )   ( )   ( )

색종이 겹치기

● 가장 아래 있는 색종이에 ○표 하시오.

① ② ③
( ) ( ) ( )

색종이 겹치기

● 가장 아래 있는 색종이에 ○표 하시오.

① ② ③
( ) ( ) ( )

색종이 겹치기

● 가장 아래 있는 색종이에 ○표 하시오.

① ( )   ② ( )   ③ ( )

색종이 겹치기

● 가장 아래 있는 색종이에 ○표 하시오.

① ( )   ② ( )   ③ ( )

색종이 겹치기

● 가장 아래 있는 색종이에 ○표 하시오.

① ( )　② ( )　③ ( )

 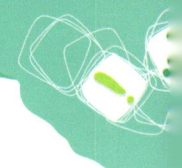

색종이 겹치기

- 가장 아래 있는 색종이에 ○표 하시오.

① ( ) ② ( ) ③ ( ) ④ ( )

색종이 겹치기

● 가장 아래 있는 색종이에 ○표 하시오.

① ② ③ ④

( )   ( )   ( )   ( )

색종이 겹치기

● 가장 아래 있는 색종이에 ○표 하시오.

① ② ③ ④

( )　( )　( )　( )

색종이 겹치기

● 가장 아래 있는 색종이에 ○표 하시오.

① ② ③ ④
( ) ( ) ( ) ( )

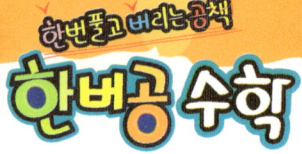

해답과 풀이

색종이 겹치기 02쪽	색종이 겹치기 03쪽	색종이 겹치기 04쪽	색종이 겹치기 05쪽
① (○)	① (○)	② (○)	① (○)

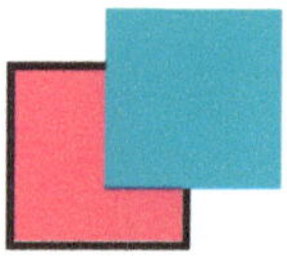

색종이 겹치기 06쪽	색종이 겹치기 07쪽	색종이 겹치기 08쪽	색종이 겹치기 09쪽
① (○)	③ (○)	③ (○)	② (○)

색종이 겹치기 10쪽	색종이 겹치기 11쪽	색종이 겹치기 12쪽	색종이 겹치기 13쪽
① (○)	③ (○)	③ (○)	① (○)

색종이 겹치기 14쪽	색종이 겹치기 15쪽
② (○)	③ (○)

창의력 마당수학

4-7세의 상위 10% 영재아를 위한 수학 교재

쌓기나무 놀이

쌓기나무와 개수세기

쌓기나무와 모양익히기

쌓기나무 옮기기

색깔나무 놀이

색깔나무 위치알기

색깔나무 수세기

색깔나무 추측하기

스도쿠 놀이

스도쿠 알기

스도쿠 익히기

색깔 스도쿠

패턴 놀이

한줄 패턴 놀이

비교 패턴 놀이

회전 패턴 놀이

거울 놀이

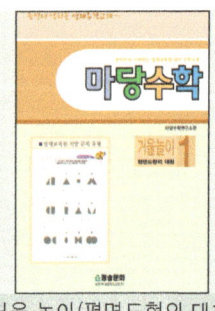
거울 놀이(평면도형의 대칭)

거울과 숫자 한글 놀이

거울과 알파벳 시계놀이

코딩 교재

아주 쉬운 코딩 놀이는 23가지 언플러그드 활동 중심 코딩 게임 교사용 안내서입니다.

아주 쉬운 코딩 놀이

1. **카드 놀이**
   - 이진법 카드 놀이 ········ 12
   - 이진법 비밀 카드 ········ 17
   - 숫자 가리기 놀이 ········ 20
   - 숫자 퍼즐 놀이 ········· 31

2. **숫자 놀이**
   - 숫자로 그림 그리기 ······ 36
   - 짝수의 비밀 ············ 43
   - 리버시 게임 ············ 48
   - 마음속의 숫자 ·········· 51

3. **네크워크 놀이**
   - 정렬 네크워크 ·········· 54
   - 학교 가기 ·············· 61
   - 강 건너기 ·············· 72

4. **전략 놀이**
   - 바둑돌 놓기 ············ 82
   - 바둑돌 자리 바꾸기 ······ 87
   - 님게임 ················· 94

5. **퍼즐 놀이**
   - 무늬 블록 돌리기 ········ 98
   - 9조각 퍼즐 ············ 100
   - 3D 입체 영상 ·········· 104

6. **암호 놀이**
   - 암호문 만들 ·········· 108
   - 코딩 모양 타일 ········ 118

7. **순서도 놀이**
   - 순서도 놀이 ·········· 130

8. **명령어 놀이**
   - 비행기 놀이 ·········· 140
   - 공놀이 ··············· 144
   - 개미 놀이 ············ 148

 ### 아주 쉬운 코딩 놀이수학 ❶

아주 쉬운 코딩 놀이 수학은 컴퓨터적 사고력을 길러주는 코딩 수학 학습지입니다.

1. 이진법 알기
2. 이진법 비밀 카드
3. 숫자로 그림 그리기
4. 짝수의 비밀
5. 정렬 네트워크
6. 학교 가기

 ### 아주 쉬운 코딩 놀이수학 ❷

아주 쉬운 코딩 놀이 수학은 컴퓨터적 사고력을 길러주는 코딩 수학 학습지입니다.

1. 바둑돌 놓기
2. 무늬 블록 돌리기
3. 암호문 풀기
4. 코딩 모양 타일
5. 순서도
6. 비행기 놀이

한버공 수학 A1

초판 발행일 : 2018년 1월 10일
지은이 : 한버공
펴낸 곳 : 청송문화사
　　　　서울시 중구 수표로 2길 13
E-mail : kidlkh@hanmail.net
전화 : 02-2279-5865
팩스 : 02-2279-5864
등록번호 : 2-2086 / 등록날짜 : 1995년 12월 14일

가격 : 8000원

잘못 인쇄된 책은 서점이나 본사에서 바꿔 드립니다.
ISBN : 978-89-5767-312-6
ISBN : 978-89-5767-911-9(세트)

본 교재의 독창적인 내용은 저작권법에 의하여 보호받고 있습니다.